# LOI DU 11 AVRIL 1911

## CRÉANT POUR LES OFFICIERS

### LA POSITION DITE

# EN RÉSERVE SPÉCIALE

**PARIS**

HENRI CHARLES-LAVAUZELLE

Éditeur militaire

10, Rue Danton, Boulevard Saint-Germain, 118

(MÊME MAISON A LIMOGES)

# LOI DU 11 AVRIL 1911 CRÉANT POUR LES OFFICIERS

LA POSITION DITE

# EN RÉSERVE SPÉCIALE

# LOI DU 11 AVRIL 1911

## CRÉANT POUR LES OFFICIERS

LA POSITION DITE

# EN RÉSERVE SPÉCIALE

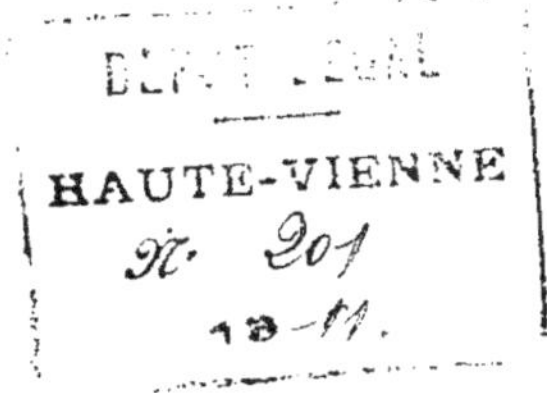


## PARIS

## Henri CHARLES-LAVAUZELLE

**Éditeur militaire**

10, Rue Danton, Boulevard Saint-Germain, 118

(MÊME MAISON A LIMOGES)

# LOI DU 11 AVRIL 1911 CRÉANT POUR LES OFFICIERS

## LA POSITION DITE

# EN RÉSERVE SPÉCIALE

Le Sénat et la Chambre des députés ont adopté,

Le Président de la République promulgue la loi dont la teneur suit :

### ARTICLE PREMIER.

Le Ministre de la guerre est autorisé à mettre chaque année, sur leur demande, dans une position dite « en réserve spéciale », cent officiers des différentes armes ou services des troupes métropolitaines ou coloniales, ayant accompli dans l'armée active au minimum douze années de services effectifs, dont six en qualité d'officier.

Ces officiers sont remplacés, nombre pour nombre, dans les cadres de l'armée active, au moment de leur départ de l'activité.

### ARTICLE 2.

Les officiers en réserve spéciale sont pourvus d'un emploi de leur grade ou d'un grade supérieur dans les réserves, et ne peuvent être rappelés à l'activité qu'en cas de mobilisation générale ou partielle.

Ils sont astreints à une période d'instruction de cinq semaines tous les deux ans et ce jusqu'au moment où ils ont atteint l'âge de cinquante-trois ans. Pendant ces périodes, ils jouissent des

(*)

droits, avantages et prérogatives des officiers du même grade
de l'armée active dans les mêmes conditions que les officiers
de réserve et de l'armée territoriale. En dehors des périodes, ils
jouissent de tous les droits dévolus aux autres citoyens français
et en particulier de leurs droits politiques.

Article 3.

Il est alloué aux officiers en réserve spéciale, quel que soit
leur grade au moment où ils ont quitté le service actif et quels
que soient les grades qu'ils obtiendront ultérieurement dans
les réserves, une solde annuelle dont le minimum est fixé par le
tableau ci-dessous et qui est majorée ensuite de trente francs
(30 fr.) pour chaque période obligatoire effectivement accomplie.

| NOMBRE D'ANNÉES<br>de service actif. | TAUX<br>initial de la solde. |
|---|---|
| | francs. |
| 12 ans | 1.245 |
| 13 ans | 1.300 |
| 14 ans | 1.355 |
| 15 ans | 1.410 |
| 16 ans | 1.455 |
| 17 ans | 1.520 |
| 18 ans | 1.575 |
| 19 ans | 1.630 |
| 20 ans | 1.685 |
| 21 ans | 1.740 |
| 22 ans | 1.795 |
| 23 ans | 1.850 |
| 24 ans | 1.905 |
| 25 ans | 1.960 |
| 26 ans | 2.015 |
| 27 ans | 2.070 |
| 28 ans | 2.125 |
| 29 ans | 2.180 |

Au cours des périodes d'instruction, ils perçoivent, en sus de
la solde de réserve, la différence entre la solde du grade dont
ils sont titulaires dans les réserves et la portion de la solde de
réserve qui correspond à la durée de la période.

Aucune période d'instruction, accomplie en dehors des périodes biennales et pour quelque motif que ce soit, ne donne droit à une majoration de solde. L'officier qui demandera à avancer d'une année l'accomplissement d'une période ne pourra prétendre à la majoration de solde qu'au moment où elle lui serait normalement échue.

### Article 4.

Les officiers en réserve spéciale peuvent être admis et obtenir de l'avancement dans la Légion d'honneur. Une loi spéciale déterminera le nombre de décorations qui leur sont spécialement attribuées.

Ces décorations leur donnent droit au traitement de la Légion d'honneur dans les mêmes conditions que pour les officiers de l'armée active.

### Article 5.

Les officiers sont rayés des cadres de la réserve spéciale à l'âge de cinquante-trois ans, et la solde dont ils sont titulaires à ce moment est transformée en une pension viagère d'un taux égal. Cette pension sera majorée, s'il y a lieu, pour les campagnes effectuées pendant que l'officier était en activité de service ou pour les campagnes de guerre qu'il a effectuées dans la situation de réserve spéciale, dans les conditions prévues par la loi du 11 avril 1831, modifiée le 15 mars 1904.

Cette pension n'est réversible sur les veuves et les orphelins que si le titulaire a accompli vingt-cinq ans de services dans l'armée active et si la condition de durée de mariage requise par la loi du 11 avril 1831, est remplie.

Les officiers ainsi rayés du cadre de la réserve spéciale restent encore pendant cinq années à la disposition du ministre de la guerre, dans les mêmes conditions que les officiers retraités normalement, et sont soumis aux mêmes obligations.

### Article 6.

Le cumul de la solde de réserve spéciale ou de la pension avec les traitements de l'État, des départements et des communes, est autorisé dans les limites fixées actuellement pour les titulaires des pensions militaires.

Les officiers en réserve spéciale ne peuvent être compris parmi les titulaires de certaines fonctions ou emplois qui sont autorisés à ne pas rejoindre immédiatement, en cas de mobilisation, en vertu de l'article 42 de la loi du 21 avril 1905.

### ARTICLE 7.

Les officiers en réserve spéciale peuvent demander à être rayés des cadres. Dans ce cas, ils remboursent la solde qu'ils ont perçue depuis la fin de la dernière période d'instruction accomplie par eux ou depuis leur admission dans la réserve spéciale s'ils n'ont encore accompli aucune période d'instruction.

Les officiers en réserve spéciale atteints d'infirmités incurables ou n'ayant pu, pour raisons de santé, accomplir de périodes d'instruction pendant deux années consécutives, peuvent être rayés des cadres dans les conditions fixées par les dispositions en vigueur pour les officiers de réserve.

### ARTICLE 8.

Les officiers en réserve spéciale ne peuvent se dérober à l'obligation d'accomplir les périodes d'instruction auxquelles ils sont astreints. Ceux qui se soustrairaient à cette obligation seraient révoqués.

Toutefois, en cas de maladie dûment constatée ou en cas de force majeure constituant un empêchement absolu, la période d'instruction peut être reportée à l'année suivante par décision du ministre de la guerre.

### ARTICLE 9.

Les officiers en réserve spéciale peuvent être révoqués par mesure disciplinaire dans les conditions fixées par les dispositions en vigueur pour les officiers des réserves.

Dans tous les cas, la révocation entraîne le remboursement

des allocation perçues par les officiers révoqués à titre de solde de réserve, sans que toutefois la somme remboursée puisse dépasser le montant de trois années de cette solde.

ARTICLE 10.

Dans les six mois qui suivront la promulgation de la présente loi, un règlement d'administration publique réglera l'état, les droits au commandement, le mode et les conditions d'avancement des officiers en réserve spéciale et pourvoira aux mesures d'application de la loi.

La présente loi, délibérée et adoptée par le Sénat et par la Chambre des députés, sera exécutée comme loi de l'Etat.

Fait à Paris, le 11 avril 1911.

A. FALLIÈRES.

Par le Président de la République :

*Le Ministre de la guerre,*
Maurice BERTEAUX.

*Le Ministre des finances,*
J. CAILLAUX.

RAPPORT AU PRÉSIDENT DE LA RÉPUBLIQUE FRANÇAISE.

Paris, 11 septembre 1911.

Monsieur le Président,

J'ai l'honneur de soumettre à votre haute approbation deux projets de décret fixant la mesure d'application de la loi du 11 avril 1911, qui a créé pour les officiers la position dite « en réserve spéciale ».

Le premier, portant règlement d'administration publique et préparé en exécution de l'article 10 de cette loi, détermine les conditions d'admission dans cette réserve et règle l'état, les droits au commandement, le mode et les conditions d'avancement des officiers admis. Il a été délibéré et adopté par le Conseil d'Etat.

Le second projet, élaboré en exécution de l'article 1er du précédent, répartit entre les armes et services les cent admissions dans la réserve spéciale que le Ministre a la faculté de prononcer chaque année.

Si vous approuvez les dispositions de ces deux décrets, je vous prie de vouloir bien les revêtir de votre signature.

Veuillez agréer, Monsieur le Président, l'hommage de mon respectueux dévouement.

Le Ministre de la guerre,<br>
MESSIMY.

---

Le Président de la République française,

Sur le rapport du Ministre de la guerre,

Vu la loi du 11 avril 1911, créant pour les officiers la position dite « en réserve spéciale » et en particulier l'article 10 ainsi conçu :

« Dans les six mois qui suivront la promulgation de la présente loi, un règlement d'administration publique réglera l'état, les droits au commandement, le mode et les conditions d'avancement des officiers en réserve spéciale et pourvoira aux mesures d'application de la loi » ;

Le Conseil d'Etat entendu,

Décrète :

Art. 1er. Les admissions dans la réserve spéciale que le Ministre de la guerre a la faculté de prononcer en vertu de l'article 1er de la loi du 11 avril 1911 sont réparties par décret entre les armes et services.

Elles sont prononcées chaque année, conformément aux bases de répartition ainsi arrêtées, jusqu'à concurrence de la moitié du contingent attribué à chaque arme ou service au cours du mois de juin, et pour le surplus en décembre.

Dans le cas où, pour certaines armes ou certains services, le nombre des demandes d'admission est inférieur au contingent attribué à ces armes ou services, les places ainsi disponibles sont réparties au mois de décembre entre les autres armes et services au prorata de leurs contingents respectifs.

Art. 2. Peuvent seuls concourir pour les admissions dans la réserve spéciale à prononcer en juin et décembre de chaque année les officiers qui, réunissant aux dates des 1er juin et 1er décembre les conditions exigées par l'article 1er de la loi du 11 avril 1911, ont formulé ou renouvelé par écrit une demande à cet effet, au cours du semestre précédent et jusqu'à la date fixée par le Ministre de la guerre pour la réception des demandes.

Dans chaque arme et dans chaque service, les désignations sont faites sans distinction de grades, en suivant l'ordre d'un tableau sur lequel les officiers sont classés d'après la durée de leurs services effectifs, augmentée, s'il y a lieu, de leurs campagnes sur le pied de guerre ou en temps de guerre, décomptées comme en matière de pensions, et d'autant de semestres que la demande de passage dans la réserve spéciale a été renouvelée de fois sans interruption.

En cas d'égalité de la durée des services effectifs ainsi majorée entre deux ou plusieurs candidats la désignation est faite en commençant par le grade le plus élevé et dans chaque grade par ancienneté de grade.

Art. 3. Les officiers placés dans la réserve spéciale sont répartis par le Ministre de la guerre entre la réserve de l'armée active et l'armée territoriale, suivant les besoins respectifs des cadres d'officiers correspondants ; ils sont pourvus d'un emploi du grade dont ils étaient titulaires dans l'armée active.

Ultérieurement, ils peuvent être promus à un grade supérieur dans les conditions fixées à l'article 6 ci-après.

Art. 4. L'état des officiers en réserve spéciale est fixé par les dispositions en vigueur pour les officiers de réserve et de l'armée territoriale, sous les exceptions et modalités résultant, soit de la loi du 11 avril 1911, soit des prescriptions du présent décret.

Les officiers en réserve spéciale ne peuvent être ni rayés des cadres pour expiration du temps de service exigé par la loi sur le recrutement, ni placés hors cadres.

Au cas où, ayant été suspendus, ils se trouveraient normalement appelés pendant leur suspension à accomplir une période d'instruction, celle-ci est ajournée à l'année suivante sans qu'il soit rien modifié ni au nombre ni à l'époque des autres périodes restant à accomplir.

En cas de comparution d'un officier en réserve spéciale devant un conseil d'enquête, les deux officiers les moins élevés en grade qui doivent faire partie du conseil sont pris dans la réserve spéciale ou, à défaut d'officiers de cette catégorie en résidence dans la subdivision de région, dans l'armée active.

Art. 5. Les droits au commandement des officiers en réserve spéciale sont ceux qui sont déterminés pour les officiers de réserve et les officiers de l'armée territoriale par les articles 43 et 57 de la loi du 13 mars 1875, modifiée par la loi du 9 décembre 1900.

Art. 6. L'avancement des officiers en réserve spéciale affectés soit à la réserve de l'armée active, soit à l'armée territoriale, a lieu exclusivement au choix dans les conditions ci-après déterminées :

Peuvent être promus :

1° Au grade de capitaine, les lieutenants qui comptent six ans de grade de lieutenant et ont accompli au moins une période d'instruction ;

2° Au grade de chef de bataillon ou d'escadron les capitaines qui comptent six ans de grade de capitaine et ont accompli au moins trois périodes d'instruction dans ce grade ; toutefois, il n'est exigé qu'une période de ceux de ces officiers qui proviennent des capitaines de l'armée active ;

3° Au grade de lieutenant-colonel, les chefs de bataillon ou d'escadron qui comptent quatre ans de grade de chef de bataillon ou d'escadron et ont accompli au moins trois périodes d'instruction dans ce grade ; toutefois, il est exigé seulement deux périodes de ceux de ces officiers qui proviennent des capitaines de l'armée active et une période de ceux qui proviennent des chefs de bataillon ou d'escadron de l'armée active.

L'ancienneté de grade des officiers en réserve spéciale est déterminée par la date du décret qui les a nommés à leur grade, soit dans l'armée active, soit dans la réserve de l'armée active ou l'armée territoriale.

Le temps pendant lequel un officier a été suspendu ne lui est pas compté pour l'avancement.

En temps de guerre, les officiers en réserve spéciale peuvent obtenir de l'avancement dans les conditions prévues pour le temps de guerre en ce qui concerne les officiers de réserve et de l'armée territoriale.

Art. 7. La solde des officiers en réserve spéciale leur est payée mensuellement et à terme échu.

Le supplément de solde et les autres prestations qu'ils reçoivent au cours des périodes d'instruction sont calculées d'après les tarifs établis pour les officiers de réserve et de l'armée territoriale.

Art. 8. — Les services effectifs, seuls valables tant pour l'admission dans la réserve spéciale que pour la liquidation de la solde de réserve, sont comptés à partir de l'entrée au service des intéressés, à l'exclusion de toute bonification à titre d'études préliminaires ; ils ne comprennent ni le temps passé en non-activité, ni les congés de plus de trois mois.

Art. 9. Toute demande en radiation des cadres formée par application de l'article 7 de la loi du 11 avril 1911 doit être accompagnée d'un récépissé constatant le remboursement de solde prescrit par ledit article.

Aucune demande en radiation ne peut être agréée en cas de mobilisation générale ou partielle.

Art. 10. La révocation, dont se rendraient passibles, aux termes de l'article 8 de la loi du 11 avril 1911, les officiers en réserve spéciale qui se soustrairaient à l'obligation d'accomplir les périodes d'instruction auxquelles ils sont astreints, est prononcée par décret sur le rapport du Ministre de la guerre après que les intéressés ont été mis en demeure de fournir leurs justifications écrites et après communication de leur dossier par application des prescriptions de l'article 65 de la loi du 22 avril 1905.

Art. 11. Les officiers en réserve spéciale empêchés d'accomplir une période pour cause de maladie sont tenus de produire les justifications exigées des officiers de l'armée active par les règlements en vigueur pour l'obtention des congés de convalescence.

Une période d'instruction interrompue pour cause de maladie ou par cas de force majeure ne compte que pour le nombre de jours de service réellement effectués et doit être ultérieurement complétée jusqu'à concurrence de cinq semaines.

Art. 12. A titre transitoire, les admissions dans la réserve spéciale que le Ministre de la guerre pourra prononcer pour 1911 ne feront l'objet que d'une seule décision d'ensemble au mois de décembre 1911. Le Ministre fixera la date jusqu'à laquelle seront reçues les demandes.

Art. 13. Le Ministre de la guerre est chargé de l'exécution du présent décret, qui sera publié au *Journal officiel* de la République française et inséré au *Bulletin des lois*.

Fait à Rambouillet, le 12 septembre 1911.

A. FALLIÈRES.

Par le Président de la République :
*Le Ministre de la guerre,*
Messimy.

---

Le Président de la République française,

Sur le rapport du Ministre de la guerre,

Vu la loi du 11 avril 1911, créant, pour les officiers, la position dite « en réserve spéciale » ;

Vu le décret du 12 septembre 1911, portant règlement d'administration publique en exécution de l'article 10 de la loi du 11 avril 1911 et, notamment, l'article 1er, ainsi conçu :

« Les admissions dans la réserve spéciale que le Ministre de la guerre a la faculté de prononcer en vertu de l'article 1er de la loi du 11 avril 1911 sont réparties par décret entre les armes et services »,

Décrète :

Art. 1er. Les cent admissions dans la réserve spéciale que le Ministre de la guerre a la faculté de prononcer, chaque année, sont réparties, comme il suit, entre les armes et services :

I

| | |
|---|---:|
| Infanterie métropolitaine. | 60 |
| Infanterie coloniale. | 15 |
| Cavalerie. | 5 |
| Artillerie métropolitaine (non compris les officiers d'administration). | 10 |
| Artillerie coloniale (non compris les officiers d'administration). | 2 |

Génie (non compris les officiers d'administration)...... 2
Train des équipages . . . .............................. 1

## II

Gendarmerie.
Intendance (troupes coloniales et troupes métropolitaines).
Santé (troupes coloniales et troupes métropolitaines).
Vétérinaires militaires.
Justice militaire.
Recrutement.
Officiers d'administration des divers services (troupes coloniales et troupes métropolitaines).
Chefs de musique.
Interprètes militaires.
Ensemble : 5.

Art. 2. Le Ministre de la guerre est chargé de l'exécution du présent décret.

Fait à Rambouillet, le 12 septembre 1911.

A. FALLIÈRES.

Par le Président de la République :
*Le Ministre de la guerre,*
MESSIMY.

---

**Instruction pour l'application des décrets du 12 septembre 1911.**

### I. — DEMANDES.

Les officiers désireux d'obtenir leur admission à la réserve spéciale en font la demande à leur chef de corps ou de service le 15 mai et le 15 novembre de chaque année (1).

Le chef de corps ou de service établit en double expédition un récépissé daté et signé de cette demande. Une de ces expéditions

---

(1) Les demandes des officiers en service aux colonies sont formulées de manière à parvenir aux chefs de corps et de service aux dates des 15 mars et 15 septembre (15 février et 15 août pour la colonie de l'Oubanghi-Chari-Tchad).

est remise à l'intéressé ; l'autre est adressée au Ministre (Direction d'armes, le 25 mai ou le 25 novembre, selon le cas. Cette pièce sert de base au droit de priorité dont bénéficient les officiers ayant déjà formulé des demandes (art. 2 du décret).

Les demandes d'admission à la réserve spéciale sont transmises au Ministre (Direction d'armes) le 25 mai et le 25 novembre ; elles doivent être appuyées de l'état des services contresigné par l'officier intéressé et, le cas échéant, d'une copie certifiée conforme des récépissés des demandes antérieures qui sont entre les mains de l'officier intéressé.

Les directions d'armes soumettent au Ministre, le 5 juin et le 5 décembre, les demandes des officiers, classés ainsi que le spécifie l'article 2 du décret, et leurs propositions au sujet du nombre d'admissions à prononcer.

## II. — ADMISSIONS A LA RÉSERVE SPÉCIALE.

Les admissions à la réserve spéciale sont prononcées par le Ministre dans les conditions fixées à l'article 2 du décret.

Les officiers admis sont rayés des contrôles le 25 juin et le 25 décembre.

Les officiers en non-activité ne peuvent être admis à la position de réserve spéciale.

## III. — TABLEAUX D'AVANCEMENT ET DE CONCOURS POUR LA LÉGION D'HONNEUR.

L'admission à la réserve spéciale n'entraîne pas la radiation du tableau d'avancement au choix ou du tableau de concours pour la Légion d'honneur.

L'officier admis à la réserve spéciale, qui est inscrit sur l'un de ces tableaux, y est maintenu jusqu'à l'épuisement de ces tableaux. L'avancement en grade est donné au titre de la réserve, l'avancement dans la Légion d'honneur, au titre de l'armée active.

Les propositions ultérieures sont faites dans les mêmes conditions que pour les officiers de réserve, mais suivant les règles particulières aux officiers en réserve spéciale, et font l'objet d'un tableau d'avancement ou d'un tableau de concours spécial à ces officiers.

### IV. — AFFECTATIONS.

Les officiers en réserve spéciale sont affectés, en principe, à des formations de réserve, de territoriale ou de dépôt.

Dans leurs différentes positions, ils sont administrés comme les officiers des réserves.

### V. — DEMANDES, AVIS ET RÉCLAMATIONS.

Les demandes, avis ou réclamations formés par les officiers en réserve spéciale doivent être adressés au général commandant la subdivision de région de leur résidence.

Cet officier général transmet, avec son avis personnel, s'il y a lieu, la demande, l'avis ou la réclamation aux chefs hiérarchiques dont dépend l'officier eu égard à son affectation de mobilisation. Ces derniers donnent à l'affaire la suite qu'elle comporte.

### VI. — PORT DE L'UNIFORME.

Les officiers en réserve spéciale sont autorisés à porter l'uniforme dans les mêmes conditions que les officiers de réserve.

Leurs tenues sont celles fixées par l'instruction du 3 novembre 1910 pour les officiers de la réserve et de l'armée territoriale.

### VII. — DROITS CIVILS ET CIVIQUES.

En ce qui concerne les droit civils et civiques, le mariage, le droit d'écrire, les actes de commerce, les contributions, les changements de résidence, etc., les officiers en réserve spéciale sont soumis au même régime que les officiers des réserves (instruction du 2 février 1909, volume 72, page 23).

### VIII. — TRANSPORT SUR LES VOIES FERRÉES.
### CARTES D'IDENTITÉ.

Les officiers en réserve spéciale perdent leurs droits au tarif réduit sur les voies ferrées. Ils remettent leur carte d'identité à leur chef de corps ou de service au moment où ils sont admis à la réserve spéciale.

## IX. — FRAIS DE DÉPLACEMENT.

Ils ont droit aux frais de déplacement lorsqu'ils sont déplacés en vertu d'un ordre émanant d'une autorité militaire. Ils sont traités, en ce qui concerne les frais de déplacement, comme les officiers de réserve.

## X. — DOSSIER GÉNÉRAL DE L'OFFICIER.

Le dossier général de l'officier en réserve spéciale comprenant les pièces d'archives et le dossier du personnel est conservé par le chef de corps ou de service d'affectation.

## XI. — SOLDE MENSUELLE. — SOLDE PENDANT LES CONVOCATIONS BIENNALES.

La solde des officiers en réserve spéciale, en dehors des périodes d'instruction, est celle prévue par l'article 3 de la loi du 11 avril 1911.

Pendant les périodes d'instruction, ils ont droit, en sus de la solde de réserve, à la différence entre cette solde et la solde d'activité la moins élevée du grade dont ils sont titulaires dans les réserves. Cette différence est due dans les même conditions que la solde pour les officiers de réserve convoqués.

Conformément à l'article 3 de la loi, la solde spéciale est majorée de 30 francs par an pour chaque période effectivement accomplie, à partir du lendemain du jour auquel la période a pris fin.

La solde est payée mensuellement et à terme échu, sur mandat individuel, et régularisée sur une revue de liquidation du modèle des officiers sans troupe établie au titre du chapitre 22.

Les officiers intéressés sont pourvus d'un livret de solde.

Le sous-intendant qui tient les contrôles des officiers en non-activité tient également un contrôle des officiers en réserve spéciale.

## XII. — Périodes d'instruction.

Les officiers en réserve spéciale sont astreints à une période d'instruction de cinq semaines tous les deux ans, jusqu'au moment où ils ont atteint l'âge de 53 ans.

Ils sont convoqués par les soins des chefs de corps ou de service d'affectation, aux époques de l'année les plus favorables pour leur instruction militaire (manœuvres d'automne), séjour dans les camps d'instruction, les champs de tir, etc., et dans le même mode que les officiers des réserves.

Les demandes d'ajournement des périodes à l'année suivante pour cas de force majeure constituant un empêchement absolu, sont soumises à la décision du général commandant le corps d'armée qui statue par délégation du Ministre.

Une période d'instruction de cinq semaines est due pour chaque période biennale passée en réserve spéciale. Toute période d'instruction ajournée ne peut compter en conséquence que pour la période de deux ans de réserve spéciale au cours de laquelle elle aurait dû être normalement accomplie.

## XIII. — Dispositions transitoires.

Les dispositions de la présente instruction entreront en vigueur immédiatement.

Les demandes relatives aux cent places d'admission à la réserve spéciale afférentes à l'année 1911 seront remises le 15 novembre prochain à leurs chefs de corps ou de service par les officiers qui désirent en profiter. Elles seront transmises aux directions d'armes le 25 novembre et soumises au Ministre le 5 décembre.

Les demandes des officiers en service aux colonies pourront, au besoin, selon les instructions données par les commandants supérieurs des troupes, être formulées et transmises par la voie télégraphique. Dans ce cas, les états de service des intéressés seront établis par les directeurs d'armes auxquels ils ressortissent.

La première convocation des officiers en réserve spéciale aura lieu en 1913.

Les chefs de corps et de service sont invités à porter le plus tôt possible à la connaissance des officiers les dispositions de la loi du 11 avril 1911 portant création de la position dite en réserve spéciale, des décrets du 12 septembre 1911 pour l'application de cette loi, et celles de la présente instruction. Il est d'autant plus indispensable que tous les officiers soient informés de ces dispositions — ignorées encore de beaucoup d'entre eux — que le droit de priorité dans l'admission dans la réserve spéciale dépendra dans une certaine mesure de la date de la première demande formulée par les intéressés, et qu'à ce titre les demandes présentées dès cette année donneront aux officiers qui les établiront un avantage appréciable pour l'admission dans la réserve spéciale au cours des années ultérieures.

Signé : MESSIMY

Paris et Limoges. — Imp. et libr. milit. Henri CHARLES-LAVAUZELLE.